SPANISH in the Bag
(Español en La Bolsa)

A Fun & Friendly Guide to Learning Spanish
for English Speakers

By
Kecia Beasley Lindsey, MA
ESL Endorsed Professional

DEDICATION

This book is dedicated to my parents, Oscar and Virginia Beasley, and to my Aunt Eloise and Aunt Barbara, who encouraged me to follow my dreams about expressing my love for learning languages.

INTRODUCTION

Spanish in the Bag is designed to provide children and adults with the ability to learn Spanish conversation and the capacity to master spoken Spanish. Learners of all ages can acquire oral Spanish skills through practicing authentic scenarios based on real experiences native speakers would have. At every step, this book allows students to assess their Spanish proficiency through question-and-answer exercises and discrete written language activities. This book gives students the foundation they will need to move from beginning to intermediate, and finally, to advanced-level Spanish.

Spanish in the Bag is founded on the key principles of Stephen Krashen's i+1 (Comprehensible Input Hypothesis). This concept states that "language is acquired by understanding input slightly above the current level of competence [i]."

The Teaching Proficiency through Reading and Storytelling, or TPRS, methodology developed by Martina Bex, stresses similar concepts. In Bex's "The Comprehensible Classroom" program, the focus is on Comprehensible Input (CI). Students acquire a new language by using words in the new language they already know in their native language, by answering open-ended questions, and by storytelling, where teachers and students collaborate on creating characters, settings, and plots.

TABLE OF CONTENTS

CHAPTER 1 (Capítulo 1)

Beginning Spanish: Vowels (Las Vocales)

LESSON 1.1: Vowels (Vocales)

"The Vowel Song" or **"La Canción de las Vocales"** can help you learn the sounds of Spanish vowels:

> *"a, e, i, o, u; El burro sabe más que tú."*

This means:

> *"a, e, i, o, u; The donkey is smarter than you."*

Activity 1.1: The Vowel Song (La Canción de Las Vocales)

Directions (Instrucciones): Recite **"La Canción de las Vocales"** three times in both Spanish and English:

> *"a, e, i, o, u. El burro sabe más que tú."*
> *"a, e, i, o, u. The donkey is smarter than you."*

LESSON 1.2: Vowels with Words (Las Vocales Españolas con Palabras)

Study the vowels with English and Spanish words as well as a picture.

Vowel	Español	English	Picture
a	abeja alas ave	bee wings bird	
e	elefante espejo estrella	elephant mirror star	
i	iglesia iglú isla	church igloo island	
o	ojo oro oso	eye gold bear	

Vowel	Español	English	Picture
u	uñas unicornios uva	nails (finger/toes) unicorn grapes	

LESSON 1.3: Tongue Twisters with Spanish Vowels (Trabalenguas con Las Vocales Españolas)

Activity 1.2: Vowel "a" Tongue Twisters (Vocales "a" Trabalenguas)

Directions (Instrucciones): Study and say aloud the phrases below.

1. A (ah ah ah ah) **[Repeat/Repita]**
2. Analisa
3. a-ma
4. a-ni-ma-les
5. a-mi-gab-les (friendly)
6. Analisa ama a animales amigables. **[Repeat/Repita]**

Activity 1.3: Vowel "e" Tongue Twisters (Vocales "e" Trabalenguas)

Directions (Instrucciones): Study and say aloud phrases below.

1. E (eh eh eh eh) **[Repeat/Repita]**
2. E-le-na
3. en-tra
4. en
5. el
6. e-di-fi-ci-o
7. e-le-gan-te
8. Elena entra en el edificio elegante. **[Repeat/Repita]**

Activity 1.4: Vowel "i" Tongue Twisters (Vocales "i" Trabalenguas)

Directions (Instrucciones): Study and say aloud phrases below.

1. I (e e e e) **[Repeat/Repita]**

2. I-sis

3. i-lu-mi-na

4. in-sec-tos

5. i-lus-tres

6. in-cre-í-bles

7. Isis ilumina insectos ilustres e increíbles. **[Repeat/Repita]**

Activity 1.5: Vowel "o" Tongue Twisters (Vocales "o" Trabalenguas)

Directions (Instrucciones): Study and say aloud phrases below.

1. O (oh oh oh oh) **[Repeat/Repita]**

2. O-li-ver-i-o

3. ol-vi-da

4. o-per-ar

5. o-pe-ra-ci-on-es

6. o-pu-len-tes

7. en

8. oc-tu-bre

9. Oliverio olvida operar operaciones opulentes en octubre. **[Repeat/Repita]**

Activity 1.6: Vowel "u" Tongue Twisters (Vocales "u" Trabalenguas)

Directions (Instrucciones): Study and say aloud phrases below.

1. U (oo oo oo oo) **[Repeat/Repita]**

2. Úr-su-la

3. u-ti-li-za

4. u-vas

5. ú-ni-cas

6. ur-ba-nas

7. Úrsula utiliza uvas únicas urbanas. **[Repeat/Repita]**

CHAPTER 2 (Capítulo 2)

Beginning Spanish: Essential Basics (Básicos Esenciales)

LESSON 2.1: Learning the Alphabet (Aprendiendo El Alfabeto Español)

The Spanish alphabet is nearly identical to the English alphabet, but it has a few additional letters: ch, pronounced "cheh," ll, pronounced "eh-yeh," ñ, pronounced "en-yeh," and rr, pronounced "doh-bleh er-reh."

Activity 2.1: Learning the Spanish Alphabet

Directions (Instrucciones): Using the picture as a hint, write the English translation for each of the alphabet word examples below.

Letter	Nombre de la Letra y Pronunciación Español	Palabra Español	Picture	English Word
A a	a (ah)	árbol		

Letter	Nombre de la Letra y Pronunciación Español	Palabra Español	Picture	English Word
B b	be (beh)	burro		
C c	ce (seh)	casa		
Ch, ch	che (cheh)	chico chica		
D d	de (day)	dos		
E e	e (eh)	escuela		

Letter	Nombre de la Letra y Pronunciación Español	Palabra Español	Picture	English Word
F f	efe (ef-fey)	flor		
G g	ge (heh)	gato		
H h	hache (ah-cheh)	hacha		
I i	i (ee)	iglesia		
J j	jota (ho-tah)	joya		

Letter	Nombre de la Letra y Pronunciación Español	Palabra Español	Picture	English Word
K k	ka (kah)	kilogramo		
L l	ele (el-leh)	libro		
Ll ll	elle (eh-yeh)	llave		
M m	eme (em-meh)	muñeca		
N n	ene (en-neh)	naranja		

Letter	Nombre de la Letra y Pronunciación Español	Palabra Español	Picture	English Word
Ñ ñ	eñe (en-yeh)	ñandú		
O o	o (oh)	oso		
P p	pe (peh)	perro		
Q q	cu (coo)	queso		
R r	ere (er-reh)	rana		

Letter	Nombre de la Letra y Pronunciación Español	Palabra Español	Picture	English Word
Rr, rr	doble erre (doh-bleh er-reh)	guitarra		
S s	ese (ess-seh)	sal		
T t	te (teh)	tres		
U u	u (oo)	uno		
V v	uve (oo-veh)	ventana		

Letter	Nombre de la Letra y Pronunciación Español	Palabra Español	Picture	English Word
W w	doble uve (doh-bleh oo-veh)	web	https://www	
X x	equis (eh-kees)	Xalapa	Houston / Gulf of / Monterrey / MEXICO Xalapa / San Luis Potosí / México / Veracruz	
Y y	ye (ee) or i griega (eegree-eh-gah)	yema		
Z z	zeta (zeh-tah)	zacate		

LESSON 2.2: Days of the Week (Los Días de la Semana)

Below is a table of the days of the week. Unlike in English, days of the week are not capitalized in Spanish.

English	Español
Sunday	domingo
Monday	lunes
Tuesday	martes
Wednesday	miércoles
Thursday	jueves
Friday	viernes
Saturday	sábado

LESSON 2.3: Months of the Year (Los Meses del Año)

Below is a table of the months of the year. Unlike in English, months are not capitalized in Spanish.

Months in English	Meses en Español
January	enero
February	febrero
March	marzo
April	abril
May	mayo
June	junio

Months in English	Meses en Español
July	julio
August	agosto
September	septiembre
October	octubre
November	noviembre
December	diciembre

LESSON 2.4: Colors (Los Colores)

Below is a table of common colors.

Color in English	El Color en Español	Picture
yellow	amarillo	
blue	azul	
white	blanco	
gray	gris	
brown	marrón	
purple	morado	
orange	naranja	

Color in English	El Color en Español	Picture
black	negro	
red	rojo	
green	verde	

Activity 2.2: Colors (Los Colores)

Directions (Instrucciones): Write the correct color word in Spanish next to the picture.

Picture	El Color en Español	Picture	El Color en Español
	__________		__________
	__________		__________
	__________		__________
	__________		__________
	__________		__________

LESSON 2.5: Numbers 0 Through 19 (Los Números Cero por Diecinueve)

Below is a table of numbers 0 through 19.

Number in English		El Número en Español
zero	0	cero
one	1	uno
two	2	dos
three	3	tres
four	4	cuatro
five	5	cinco
six	6	seis
seven	7	siete
eight	8	ocho
nine	9	nueve
ten	10	diez
eleven	11	once
twelve	12	doce
thirteen	13	trece
fourteen	14	catorce
fifteen	15	quince
sixteen	16	dieciséis

Number in English		El Número en Español
seventeen	17	diecisiete
eighteen	18	dieciocho
nineteen	19	diecinueve

LESSON 2.6: Numbers 20 Through 29 (Los Números Veinte por Veintenueve)

Below is a table of numbers 20 through 29.

Number in English		El Número en Español
twenty	20	veinte
twenty-one	21	veintiuno
twenty-two	22	veintidós
twenty-three	23	veintitrés
twenty-four	24	veinticuatro
twenty-five	25	veinticinco
twenty-six	26	veintiséis
twenty-seven	27	veintisiete
twenty-eight	28	veintiocho
twenty-nine	29	veintinueve

LESSON 2.7: Numbers 30 Through 90 by Tens (Los Números Treinta por Noventa por Decena)

Below is a table of numbers by tens, 30 through 90.

To form unit numbers in tens, use this formula: **[ten] and [unit number]**

(Para formar los números entre decenas, usa la fórmula): **[decena] y [unidad]**

> **Example (Ejemplo):** 34 = treinta y cuatro

Number in English		El Número en Español
thirty	30	treinta
forty	40	cuarenta
fifty	50	cincuenta
sixty	60	sesenta
seventy	70	setenta
eighty	80	ochenta
ninety	90	noventa

LESSON 2.8: Numbers by Hundreds (Los Números por Los Cientos)

Below is a table of numbers 100 through 1000.

To form numbers in the hundreds, use this formula: **[hundred] + [tens] and [unit number]**

(Para formar los números entre los cientos, usa la fórmula): **[cien] y [unidad número]**

Example (Ejemplo):
135 = ciento treinta y cinco
582 = quinientos ochenta y dos

Number in English		El Número en Español
one hundred	100	cien (meaning 100 exactly) ciento (when used in combination)
two hundred	200	doscientos
three hundred	300	trescientos
four hundred	400	cuatrocientos
five hundred	500	quinientos (irregular)
six hundred	600	seiscientos
seven hundred	700	setecientos (irregular)
eight hundred	800	ochocientos
nine hundred	900	novecientos (irregular)
one thousand	1,000	mil

Activity 2.3: Numbers (Los Números)

Directions (Instrucciones): Write the correct number in Spanish next to the numeral.

El Número	En Español
0	
13	
878	
543	
9	
56	
88	
344	
27	
212	
10	
2	
621	
43	
15	
1,000	

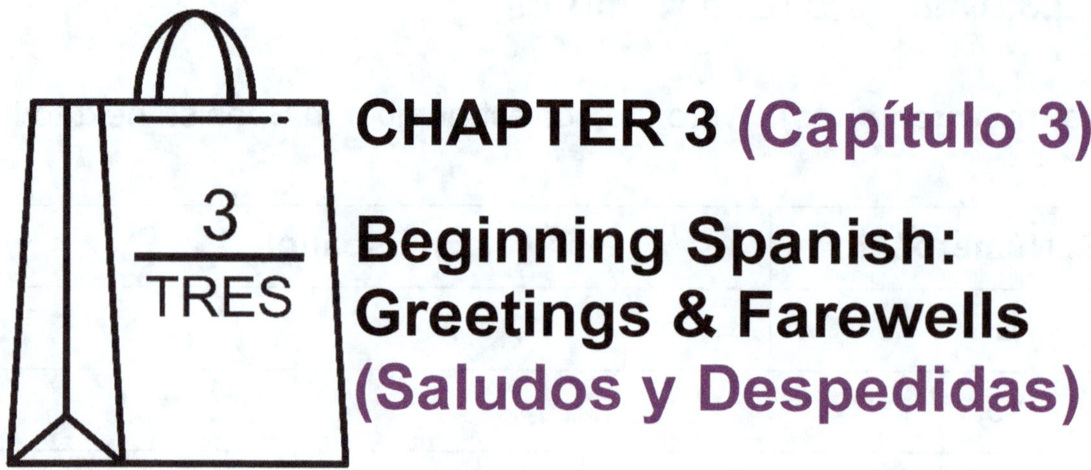

CHAPTER 3 (Capítulo 3)

Beginning Spanish: Greetings & Farewells (Saludos y Despedidas)

LESSON 3.1: Informal Greetings and Resposes (Saludos Informales y Respuestas)

Below are some common informal greetings and reponses.

English Informal Greeting	Saludos Informales en Español	English Informal Response	Respuestas Informales en Españoles
Hello!	¡Hola!	Hello!	¡Hola!
What's up?	¿Qué tal?	Good, thanks, and you?	Bien, gracias. ¿y tú?
So long since I've seen you.	Tanto tiempo sin verte.	Yes, it's true.	Sí, es cierto.
What's happening?	¿Qué pasa?	So, so.	Así, así.
How are you?	¿Cómo estás?	Good!	¡Bien!
What's going on?	¿Cómo te va?	Good!	¡Bien!
What's new?	¿Qué hay de nuevo?	Nothing in particular.	Nada de particular.
What's your name?	¿Cómo te llamas?	My name is _____, and yours?	Me llamo _____, ¿y tú?

English Informal Greeting	Saludos Informales en Español	English Informal Response	Respuestas Informales en Españoles
What is your name?	¿Cuál es tu nombre?	My name is ________.	Mi nombre es ________.
How do you spell your name?	¿Cómo se escribe tu nombre?	I spell my name _ _ _ _ _.	Se escribe _ _ _ _ _.
Where are you from?	¿De dónde eres?	I am from ________.	You soy de ________.
What is your profession?	¿A qué te dedicas?	I am a nurse.	Yo soy enfermera.

Activity 3.1: Practice with Informal Greetings (Prática con Saludos Informales)

Directions (Instrucciones): Match the informal greeting with the corresponding response.

Saludos Informales en Español	**Respuestas Españoles**
1. ¡Hola! _____	A. Así, así.
2. ¿Qué tal? _____	B. Sí, es cierto.
3. Tanto tiempo sin verte. _____	C. Nada de particular.
4. ¿Qué pasa? _____	D. Se escribe _ _ _ _ _ .
5. ¿Cómo estás? _____	E. You soy de _____.
6. ¿Cómo te va? _____	F. Mi nombre es _____.
7. ¿Qué hay de nuevo? _____	G. ¿Bien, gracias y tú?
8. ¿Cómo te llamas? _____	H. ¡Bien!
9. ¿Cómo se escribe tu nombre? _____	I. Yo soy enfermera.
10. ¿De dónde eres? _____	J. ¡Hola!
11. ¿A qué te dedicas? _____	K. Bien.

LESSON 3.2: Formal Greetings and Resposes (Saludos Formales y Respuestas)

Below are some common formal greetings and reponses.

English Formal Greeting	Saludos Formales en Español	English Formal Responses	Respuestas Formales en Españoles
Good morning.	Buenos días.	Good morning.	Buenos días.
Good afternoon.	Buenas tardes.	Good afternoon.	Buenas tardes.
Good night.	Buenas noches.	Good night.	Buenas noches.
How are you?	¿Cómo está usted?	Very well, thank you. And you?	Muy bien, gracias. ¿Y usted?
What is your name?	¿Cómo se llama usted?	My name is ___. And yours?	Me llamo______. ¿Y usted?
Where are you from?	¿De dónde es usted?	I am from ______.	Yo soy de ____.
What is your profession?	¿A qué se dedica usted?	I am a teacher.	Yo soy profesora.

Activity 3.2: Practice with Formal Greetings (Práctica con Saludos Formales)

Directions (Instrucciones): Match the formal greeting with the corresponding response.

Saludos Formales en Español

1. Buenos días. ______

2. Buenas tardes. ______

3. Buenas noches. ______

4. ¿Cómo está usted? ______

5. ¿Cómo se llama usted? ______

6. ¿De dónde es usted? ______

7. ¿A qué se dedica usted? ______

Respuestas Españoles

A. Buenas noches.

B. Me llamo__________. ¿Y usted?

C. Yo soy profesora.

D. Yo soy de ______.

E. Buenas tardes.

F. Buenos días.

G. Muy bien, gracias. ¿Y usted?

LESSON 3.3: Common Farewells (Despedidas Comunes)

Below are some common farewells.

English Farewell	Despedidas Españoles
Good bye.	Adiós.
See you later.	Hasta luego.
See you later.	Hasta la vista.
See you soon.	Hasta pronto.
See you tomorrow.	Hasta mañana.
We'll see each other.	Nos vemos.
Bye-bye.	Chao.

Activity 3.3: Practice with Farewells (Práctica con Despedidas)

Directions (Instrucciones): Match the formal greeting with the corresponding response.

English Farewell	**Despedidas Españoles**
1. Good bye _______	A. Hasta mañana
2. See you later _______	B. Hasta pronto
3. See you later _______	C. Nos vemos
4. See you soon _______	D. Adiós
5. See you tomorrow _______	E. Hasta luego
6. We'll see each other _______	F. Chao
7. Bye-bye _______	G. Hasta la vista

LESSON 3.4: Common Expressions of Courtesy (Expresiones de Cortesía)

Below are some common expressions of courtesy.

English	Español
Thank you.	Gracias.
Thank you very much.	Muchas gracias.

English	Español
No, thank you.	No, gracias.
You're welcome.	De nada.
Excuse me.	Perdón.
Excuse me. (when moving through a crowd)	Con permiso.
Please.	Por favor.
Okay.	Está bien.
I am sorry	Lo siento.

Activity 3.4: Practice with Courtesy Expressions (Prática con Expresiones de Cortesía)

Directions (Instrucciones): Match the English expression with the Spanish translation.

English Expression

1. Thank you. _________

2. Thank you very much._________

3. You're welcome. _________

4. Excuse me. _________

5. Excuse me. (in a crowd) _______

6. Please. _________

7. Okay. _________

8. I am sorry. _________

Expresiones Españoles

A. De nada.

B. Con permiso.

C. Lo siento.

D. Por favor.

E. Gracias.

F. Muchas gracias.

G. Está bien.

H. Perdón.

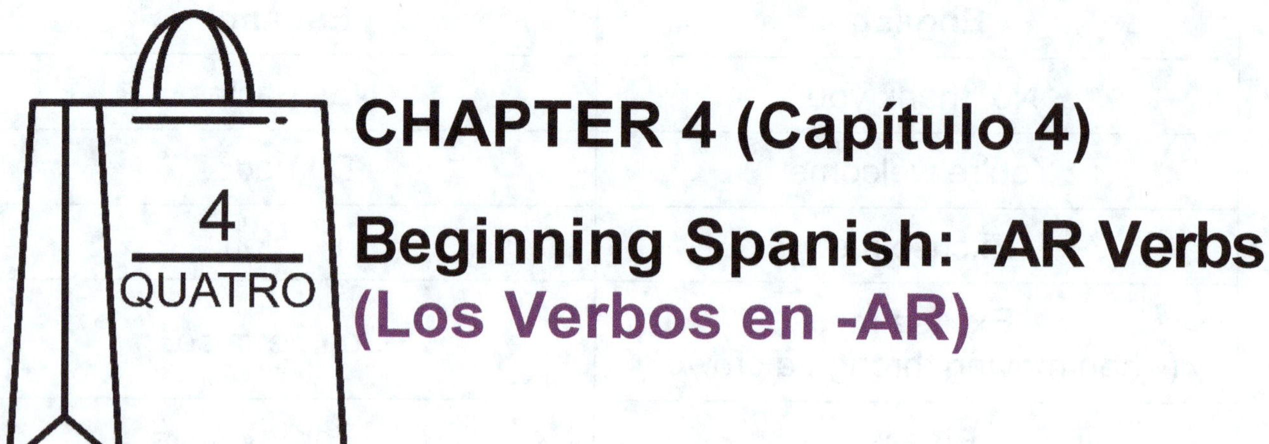

CHAPTER 4 (Capítulo 4)

Beginning Spanish: -AR Verbs (Los Verbos en -AR)

Spanish verbs end in a **"vowel + r"** combination: **-ar, -er, and -ir.** These combinations determine how the verbs are formed when used with prounouns (e.g., I, you, we, he/she, etc.). This process is known as **conjugation.**

LESSON 4.1: Conjugating -ar Verbs in the Present Tense (Conjugando Los Verbos -ar en La Tiempo Presente)

The first step to conjugate an -ar verb in the present tense is to **remove the -ar** ending. The remainder is the **stem**. Then add the proper ending for the pronoun.

> **Example: Hablar** (to speak)
> Step 1: Hablar – ar = Habl-
> Step 2: Habl + ending (o, as, a, amos, an)

NOTE: An additional subject, *vosotros (you all)*, is used almost exclusively in Spain when referring to a group informally. The ending for these -ar verbs is *-áis.*

-ar Verbo Español (Infinitivo)	English Verb (Infinitive)	Subject (Pronoun)	En Español
hablar	to speak	I	Yo habl**o**
		you (informal)	Tú habl**as**
		you (formal) he/it/she	Usted habl**a** Él/Ella habl**a**
		we	Nosotros habl**amos**
		you (plural)	Ustedes habl**an**
		they (all genders) they (female only)	Ellos habl**an** Ellos habl**an**

Example: Cantar (to sing)
    Step 1: Cantar – ar = Cant-
    Step 2: Cant + ending (o, as, a, amos, an)

-ar Verbo Español (Infinitivo)	English Verb (Infinitive)	Subject (Pronoun)	En Español
cantar	to sing	I	Yo cant**o**
		you (informal)	Tú cant**as**
		you (formal) he/it/she	Usted cant**a** Él/Ella cant**a**
		we	Nosotros cant**amos**
		you (plural)	Ustedes cant**an**
		they (all genders) they (females only)	Ellos/Ellas cant**an**

LESSON 4.2: Conjugating More -ar Verbs
(Conjugando Más Los Verbos en -ar)

Verbo Español (Infinitivo)	English Verb (Infinitive)	Subject (Pronoun)	En Español
agitar	to shake	I	Yo agit**o**
		you (informal)	Tú agit**as**
		you (formal) he/it/she	Usted agit**a** Él/Ella agit**a**
		we	Nosotros agit**amos**
		they (all genders) they (females only)	Ellos/Ellas agit**an**
ayudar	to help	I	Yo ayud**o**
		you (informal)	Tú ayud**as**
		you (formal) he/it/she	Usted ayud**a** Él/Ella ayud**a**
		we	Nosotros ayud**amos**
		they (all genders) they (females only)	Ellos/Ellas ayud**an**
bailar	to dance	I	Yo bail**o**
		you (informal)	Tú bail**as**
		you (formal) he/it/she	Usted bail**a** Él/Ella bail**a**
		we	Nosotros bail**amos**
		they (all genders) they (females only)	Ellos/Ellas bail**an**

Verbo Español (Infinitivo)	English Verb (Infinitive)	Subject (Pronoun)	En Español
caminar	to walk	I	Yo camin**o**
		you (informal)	Tú camin**as**
		you (formal) he/it/she	Usted camin**a** Él/Ella camin**a**
		we	Nosotros camin**amos**
		they (all genders) they (females only)	Ellos/Ellas camin**an**
cocinar	to cook	I	Yo cocin**o**
		you (informal)	Tú cocin**as**
		you (formal) he/it/she	Usted cocin**a** Él/Ella cocin**a**
		we	Nosotros cocin**amos**
		they (all genders) they (females only)	Ellos/Ellas cocin**an**
completar	to complete	I	Yo complet**o**
		you (informal)	Tú complet**as**
		you (formal) he/it/she	Usted complet**a** Él/Ella complet**a**
		we	Nosotros complet**amos**
		they (all genders) they (females only)	Ellos/Ellas complet**an**
contestar	to answer	I	Yo contest**o**

Verbo Español (Infinitivo)	English Verb (Infinitive)	Subject (Pronoun)	En Español
		you (informal)	Tú contest**as**
		you (formal) he/it/she	Usted contest**a** Él/Ella contest**a**
		we	Nosotros contest**amos**
		they (all genders) they (females only)	Ellos/Ellas contest**an**
dibujar	to draw	I	Yo dibuj**o**
		you (informal)	Tú dibuj**as**
		you (formal) he/it/she	Usted dibuj**a** Él/Ella dibuj**a**
		we	Nosotros dibuj**amos**
		they (all genders) they (females only)	Ellos/Ellas dibuj**an**
enseñar	to teach	I	Yo enseñ**o**
		you (informal)	Tú enseñ**as**
		you (formal) he/it/she	Usted enseñ**a** Él/Ella enseñ**a**
		we	Nosotros enseñ**amos**
		they (all genders) they (females only)	Ellos/Ellas enseñ**an**
escuchar	to hear	I	Yo escuch**o**
		you (informal)	Tú escuch**as**

Verbo Español (Infinitivo)	English Verb (Infinitive)	Subject (Pronoun)	En Español
		you (formal) he/it/she	Usted escuch**a** Él/Ella escuch**a**
		we	Nosotros escuch**amos**
		they (all genders) they (females only)	Ellos/Ellas escuch**an**
estar (irregular)	to be	I	Yo est**oy**
		you (informal)	Tú est**ás**
		you (formal) he/it/she	Usted est**á** Él/Ella est**á**
		we	Nosotros est**amos**
		they (all genders) they (females only)	Ellos/Ellas est**án**
estudiar	to study	I	Yo estudi**o**
		you (informal)	Tú estudi**as**
		you (formal) he/it/she	Usted estudi**a** Él/Ella estudi**a**
		we	Nosotros estudi**amos**
		they (all genders) they (females only)	Ellos/Ellas estudi**an**
gritar	to shout	I	Yo grit**o**
		you (informal)	Tú grit**as**
		you (formal) he/it/she	Usted grit**a** Él/Ella grit**a**

Verbo Español (Infinitivo)	English Verb (Infinitive)	Subject (Pronoun)	En Español
		we	Nosotros grit**amos**
		they (all genders) they (females only)	Ellos/Ellas grit**an**
gustar	to like	I	Yo gust**o**
		you (informal)	Tú gust**as**
		you (formal) he/it/she	Usted gust**a** Él/Ella gust**a**
		we	Nosotros gust**amos**
		they (all genders) they (females only)	Ellos/Ellas gust**an**
jugar (irregular)	to play (sports)	I	Yo j**ue**g**o**
		you (informal)	Tú j**ue**g**as**
		you (formal) he/it/she	Usted j**ue**g**a** Él/Ella j**ue**g**a**
		we	Nosotros jug**amos**
		they (all genders) they (females only)	Ellos/Ellas j**ue**g**an**
llevar	to carry	I	Yo llev**o**
		you (informal)	Tú llev**as**
		you (formal) he/it/she	Usted llev**a** Él/Ella llev**a**
		we	Nosotros llev**amos**
		they (all genders) they (females only)	Ellos/Ellas llev**an**

Verbo Español (Infinitivo)	English Verb (Infinitive)	Subject (Pronoun)	En Español
mirar	to look, watch	I	Yo mir**o**
		you (informal)	Tú mir**as**
		you (formal) he/it/she	Usted mir**a** Él/Ella mir**a**
		we	Nosotros mir**amos**
		they (all genders) they (females only)	Ellos/Ellas mir**an**
montar	to ride	I	Yo mont**o**
		you (informal)	Tú mont**as**
		you (formal) he/it/she	Usted mont**a** Él/Ella mont**a**
		we	Nosotros mont**amos**
		they (all genders) they (females only)	Ellos/Ellas mont**an**
nandar	to swim	I	Yo nad**o**
		you (informal)	Tú nad**as**
		you (formal) he/it/she	Usted nad**a** Él/Ella nad**a**
		we	Nosotros nad**amos**
		they (all genders) they (females only)	Ellos/Ellas nad**an**
necesitar	to need	I	Yo necesit**o**
		you (informal)	Tú necesit**as**

Verbo Español (Infinitivo)	English Verb (Infinitive)	Subject (Pronoun)	En Español
		you (formal) he/it/she	Usted necesita Él/Ella necesita
		we	Nosotros necesit**amos**
		they (all genders) they (females only)	Ellos/Ellas necesit**an**
pasear	to stroll	I	Yo pase**o**
		you (informal)	Tú pase**as**
		you (formal) he/it/she	Usted pasea Él/Ella pasea
		we	Nosotros pase**amos**
		they (all genders) they (females only)	Ellos/pase**an**
patinar	to skate	I	Yo patin**o**
		you (informal)	Tú patin**as**
		you (formal) he/it/she	Usted patina Él/Ella patina
		we	Nosotros patin**amos**
		they (all genders) they (females only)	Ellos/Ellas patin**an**
practicar	to practice	I	Yo practic**o**
		you (informal)	Tú practic**as**
		you (formal) he/it/she	Usted practica Él/Ella practica

Verbo Español (Infinitivo)	English Verb (Infinitive)	Subject (Pronoun)	En Español
		we	Nosotros practic**amos**
		they (all genders) they (females only)	Ellos/Ellas practic**an**
saltar	to jump	I	Yo salt**o**
		you (informal)	Tú salt**as**
		you (formal) he/it/she	Usted salt**a** Él/Ella salt**a**
		we	Nosotros salt**amos**
		they (all genders) they (females only)	Ellos/Ellas salt**an**
terminar	to finish	I	Yo termin**o**
		you (informal)	Tú termin**as**
		you (formal) he/it/she	Usted termin**a** Él/Ella termin**a**
		we	Nosotros termin**amos**
		they (all genders) they (females only)	Ellos/Ellas termin**an**
tocar	to play (instrument)	I	Yo toc**o**
		you (informal)	Tú toc**as**
		you (formal) he/it/she	Usted toc**a** Él/Ella toc**a**
		we	Nosotros toc**amos**

Verbo Español (Infinitivo)	English Verb (Infinitive)	Subject (Pronoun)	En Español
		they (all genders) they (females only)	Ellos/Ellas toc**an**
tomar	to take (food)	I	Yo tom**o**
		you (informal)	Tú tom**as**
		you (formal) he/it/she	Usted tom**a** Él/Ella tom**a**
		we	Nosotros tom**amos**
		they (all genders) they (females only)	Ellos/Ellas tom**an**
trabajar	to work	I	Yo trabaj**o**
		you (informal)	Tú trabaj**as**
		you (formal) he/it/she	Usted trabaj**a** Él/Ella trabaj**a**
		we	Nosotros trabaj**amos**
		they (all genders) they (females only)	Ellos/Ellas trabaj**an**

Activity 4.1: Questions with Common Verbs (Preguntas Con Los Verbos Comunes en -ar)

Directions: Write the answer to the following questions in Spanish on the line below.

(**Instrucciones:** Escribe las respuestas a las siguientes preguntas en español en las líneas de abajo.)

1. ¿Contestas las preguntas?
(Do you answer the questions?)

____

2. ¿Hablas español bien?
(Do you speak Spanish well?)

____

3. ¿Llevas tu chaqueta cada día?
(Do you wear a jacket every day?)

____

4. ¿Caminas a la escuela?
(Do you walk to school?)

____

5. ¿Trabajas en la tarde?
(Do you work in the afternoon?)

____

6. ¿Escuchas bien a los maestros?
(Do you listen your teachers?)

____

7. ¿Practicas algún deporte después de la escuela?
   (Do you practice any sports after school?)

____

8. ¿Tocas el piano?
   (Do you play the piano?)

____

9. ¿Juegas algún deporte?
   (Do you play any sports?)

____

10. ¿Estudias todos los días?
    (Do you study every day?)

____

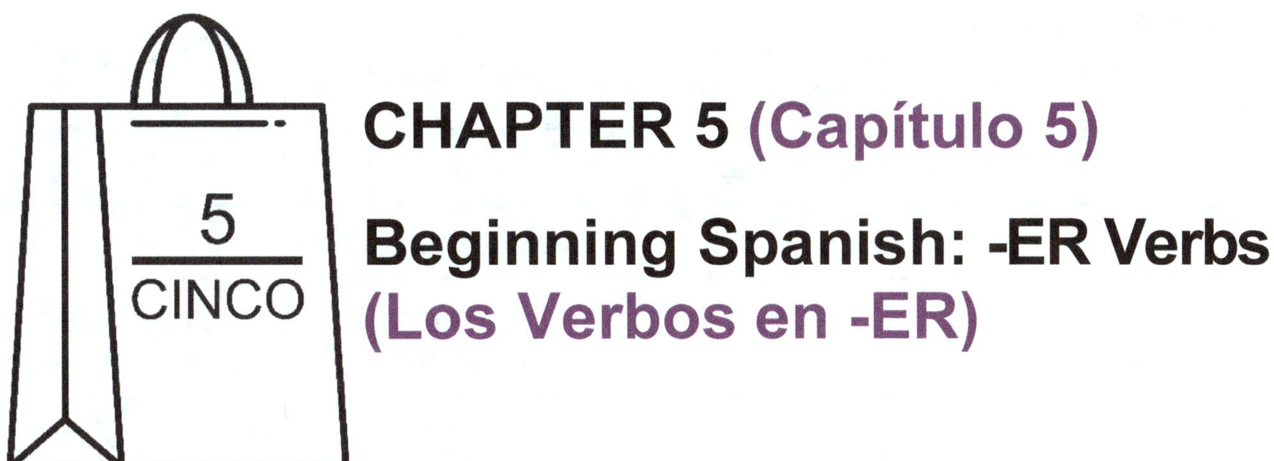

CHAPTER 5 (Capítulo 5)

Beginning Spanish: -ER Verbs (Los Verbos en -ER)

We've learned that Spanish verbs end in a "vowel + r" combination. In this chapter, we will learn about -er verbs and how to conjugate them.

LESSON 5.1: Conjugating -er Verbs in the Present Tense (Conjugando Los Verbos -er en La Tiempo Presente)

The first step to conjugate an -er verb in the present tense is to **remove the -er** ending. The remainder is the **stem**. Then, add the proper ending for the pronoun.

> **Example: Comer** (to eat)
> Step 1: Comer – er = Com-
> Step 2: Com + ending -(o, -es, -e, -emos, -en)

NOTE: An additional subject, *vosotros (you all)*, is used almost exclusively in Spain when referring to a group informally. The ending for these -er verbs is *-éis.*

-er Verbo Español (Infinitivo)	English Verb (Infinitive)	Subject (Pronoun)	En Español
aprender	to learn	I	Yo aprend**o**
		you (informal)	Tú aprend**es**
		you (formal) he/it/she	Usted aprend**e** Él/Ella aprend**e**
		we	Nosotros aprend**emos**
		they (all genders) they (females only)	Ellos/Ellas aprend**en**
beber	to drink	I	Yo beb**o**
		you (informal)	Tú beb**es**
		you (formal) he/it/she	Usted beb**e** Él/Ella beb**e**
		we	Nosotros beb**emos**
		they (all genders) they (females only)	Ellos/Ellas beb**en**
comer	to eat	I	Yo com**o**
		you (informal)	Tú com**es**
		you (formal) he/it/she	Usted come Él/Ella come
		we	Nosotros com**emos**
		they (all genders) they (females only)	Ellos/Ellas com**en**
correr	to run	I	Yo corr**o**

-er Verbo Español (Infinitivo)	English Verb (Infinitive)	Subject (Pronoun)	En Español
		you (informal)	Tú corr**es**
		you (formal) he/it/she	Usted corr**e** Él/Ella corr**e**
		we	Nosotros corr**emos**
		they (all genders) they (females only)	Ellos/Ellas corr**en**
entretener (irregular)	to entertain	I	Yo entreteng**o**
		you (informal)	Tú entretien**es**
		you (formal) he/it/she	Usted entretien**e** Él/Ella entretien**e**
		we	Nosotros entreten**emos**
		they (all genders) they (females only)	Ellos/Ellas entretien**en**
leer	to read	I	Yo le**o**
		you (informal)	Tú le**es**
		you (formal) he/it/she	Usted le**e** Él/Ella le**e**
		we	Nosotros le**emos**
		they (all genders) they (females only)	Ellos/Ellas le**en**
responder	to respond	I	Yo respond**o**

-er Verbo Español (Infinitivo)	English Verb (Infinitive)	Subject (Pronoun)	En Español
		you (informal)	Tú respond**es**
		you (formal) he/it/she	Usted respond**e** Él/Ella respond**e**
		we	Nosotros respond**emos**
		they (all genders) they (females only)	Ellos/Ellas respond**en**
tener (irregular)	to have	I	Yo **tengo**
		you (informal)	Tú **tienes**
		you (formal) he/it/she	Usted **tiene** Él/Ella **tiene**
		we	Nosotros ten**emos**
		they (all genders) they (females only)	Ellos/Ellas **tienen**

Activity 5.1: Questions with -er Common Verbs (Preguntas con Los Verbos Comunes en -er)

Directions: Write the answer to the following questions in Spanish on the line below.

(**Instrucciones:** Escribe la contesta a las siguientes preguntas en español en la línea de abajo.)

1. ¿Respondes a tus padres cuándo te hablan?
   (Do you respond to your parents when they talk to you?)

____

2. ¿Lees muchos libros?
   (Do you read a lot of books?)

____

3. ¿Aprendes mucho en la escuela?
   (Do you learn a lot in school?)

____

4. ¿Corres a tus clases a veces?
   (Do you run to class sometimes?)

____

5. ¿Tienes muchos amigos?
   (Do you have a lot of friends?)

____

6. ¿Bebes mucho jugo de naranja?
   (Do you drink a lot of orange juice?)

____

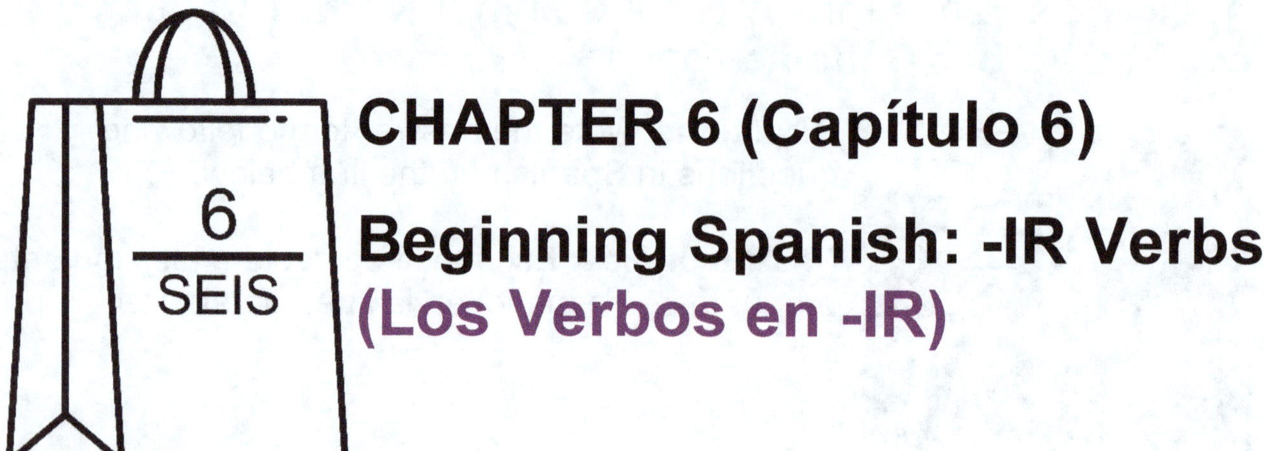

CHAPTER 6 (Capítulo 6)

Beginning Spanish: -IR Verbs (Los Verbos en -IR)

We've learned that Spanish verbs end in a "vowel + r" combination. In this chapter, we will learn about -ir verbs and how to conjugate them.

LESSON 6.1: Conjugating -ir Verbs in the Present Tense (Conjugando Los Verbos -ir en La Tiempo Presente)

When conjugating -ir verb in the present tense, begin by **removing the -ir** ending. The remainder is the **stem**. With -ir verbs, however, most of the endings are the **same as -er verbs (-o, -es, -e, -en)** except for the **we/nosotros** from, which ends in **-imos.**

> **Example:** **Escribir** (to write)
> Step 1: Escribir – ir = Escrib-
> Step 2: Escrib + ending (-o, -es,, -imos, -e, or -en)

NOTE: An additional subject, *vosotros (you all)*, is used almost exclusively in Spain when referring to a group informally. The ending for these -ir verbs is *-ís.*

-ir Verbo Español (Infinitivo)	English Verb (Infinitive)	Subject (Pronoun)	En Español
abrir	to close	I	Yo abr**o**
		you (informal)	Tú abr**es**
		you (formal) he/it/she	Usted abr**e** Él/Ella abr**e**
		we	Nosotros abr**imos**
		they (all genders) they (females only)	Ellos/Ellas abr**en**
admitir	to admit	I	Yo admit**o**
		you (informal)	Tú admit**es**
		you (formal) he/it/she	Usted admit**e** Él/Ella admit**e**
		we	Nosotros admit**imos**
		they (all genders) they (females only)	Ellos/Ellas admit**en**
compartir	to share	I	Yo compart**o**
		you (informal)	Tú compart**es**
		you (formal) he/it/she	Usted compart**e** Él/Ella compart**e**
		we	Nosotros compart**imos**
		they (all genders) they (females only)	Ellos/Ellas compart**en**
escribir	to write	I	Yo escrib**o**

-ir Verbo Español (Infinitivo)	English Verb (Infinitive)	Subject (Pronoun)	En Español
		you (informal)	Tú escrib**es**
		you (formal) he/it/she	Usted escrib**e** Él/Ella escrib**e**
		we	Nosotros escrib**imos**
		they (all genders) they (females only)	Ellos/Ellas escrib**en**
ir (irregular)	to go	I	Yo **voy**
		you (informal)	Tú **vas**
		you (formal) he/it/she	Usted **va** Él/Ella **va**
		we	Nosotros **vamos**
		they (all genders) they (females only)	Ellos/Ellas **van**
permitir	to permit	I	Yo permit**o**
		you (informal)	Tú permit**es**
		you (formal) he/it/she	Usted permit**e** Él/Ella permit**e**
		we	Nosotros permit**imos**
		they (all genders) they (females only)	Ellos/Ellas permit**en**
recibir	to receive	I	Yo recib**o**
		you (informal)	Tú recib**es**

-ir Verbo Español (Infinitivo)	English Verb (Infinitive)	Subject (Pronoun)	En Español
		you (formal) he/it/she	Usted recib**e** Él/Ella recib**e**
		we	Nosotros recib**imos**
		they (all genders) they (females only)	Ellos/Ellas recib**en**
salir (irregular)	to leave	I	Yo sal**go**
		you (informal)	Tú sal**es**
		you (formal) he/it/she	Usted sal**e** Él/Ella sal**e**
		we	Nosotros sal**imos**
		they (all genders) they (females only)	Ellos/Ellas sal**en**
subir	to go up	I	Yo sub**o**
		you (informal)	Tú sub**es**
		you (formal) he/it/she	Usted sub**e** Él/Ella sub**e**
		we	Nosotros sub**imos**
		they (all genders) they (females only)	Ellos/Ellas sub**en**
vivir	to live	I	Yo viv**o**
		you (informal)	Tú viv**es**
		you (formal)	Usted viv**e**

-ir Verbo Español (Infinitivo)	English Verb (Infinitive)	Subject (Pronoun)	En Español
		he/it/she	Él/Ella viv**e**
		we	Nosotros viv**imos**
		they (all genders) they (females only)	Ellos/Ellas viv**en**

Activity 6.1: Personal Questions with Present Tense -ir Verbs (Preguntas Personales con Los Verbos de -ir en el Tiempo Presente)

Directions: Answer these personal questions with the correct form the the present tense -ir verb.

(**Instrucciones:** Responde a estas "si" o "no" preguntas personales con la forma correcta los verbos de -ir en del tiempo presente.)

1. ¿Vives en Guadalajara, México o San Juan, Puerto Rico?
   (Do you live in Guadalajara, México, or San Juan, Puerto Rico?)

____

2. ¿Siempre sales temprano del trabajo o tarde?
   (Do you always leave work early or late?)

____

3. ¿Escribes a tus abuelos cada verano?
   (Do you write your grandparents every summer?)

____

4. ¿Abres las ventanas de tu casa cuándo hace calor adentro?
   (Do you open the windows to your house when it is hot inside?)

____

5. ¿Normalmente recibes regalos para tu cumpleaños?
   (Do you normally receive gifts for your birthday?)

____

6. ¿Compartes tu almuerzo con tus amigos de vez en cuándo?
   (Do you share lunch with your friends from time to time?)

____

Activity 6.2: More -ir Verb Conjugation Practice (Más Práctica de Conjugación de Los Verbos en -ir)

Directions: Practice conjugating the following -ir verbs in the present tense.

(**Instrucciones:** Práctica la conjugación de los siguientes verbos en -ir en el tiempo presente.)

> **Example (Modelo):** Rogelio y yo_________________(escribir) a nuestros abuelos.
>
> **Answer (Respuesta):** escribimos

1. Marcos y yo_____________(vivir) en Sacramento, California.

2. Esteban y Diego_______________(salir) del trabajo.

3. Yo_____________(escribir) a mi abuela.

4. Teresa_______________(abrir) la puerta a las nueve en punto.

5. Mónica ____________(recibir) el reporte del doctor hoy.

6. Los profesores____________(**subir**) el autobús.

7. Tú __________________(**compartir**) tu almuerzo con Elena.

8. Los padres_____________(**permitir**) que su hija ______(**ir**)
   al baile.

9. Yo y mi amiga, Elena______(**ir**) al baile y al teatro.

10. José ___________(**admitir**) la verdad a sus padres.

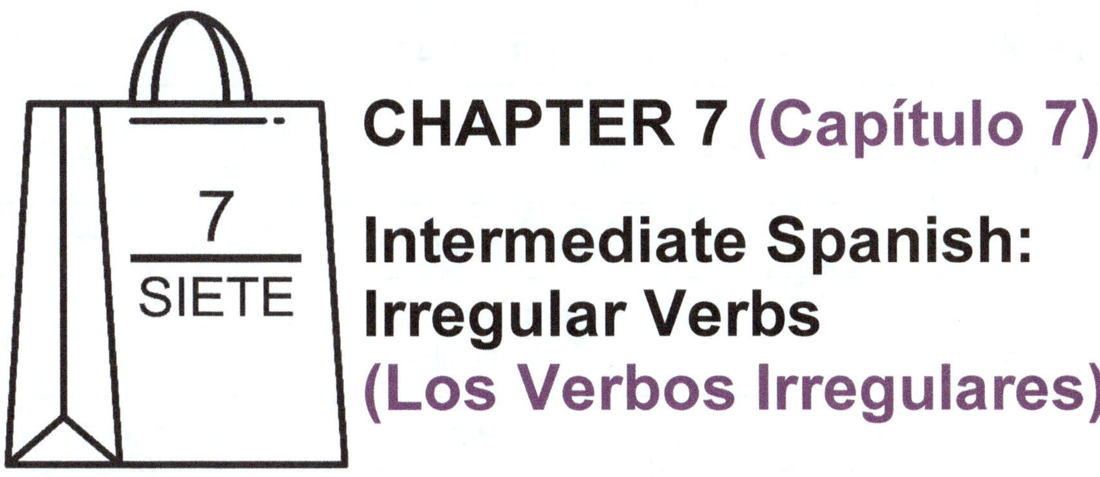

CHAPTER 7 (Capítulo 7)

Intermediate Spanish: Irregular Verbs
(Los Verbos Irregulares)

Some verbs in Spanish do not follow the simple rules of -ar, -er, and -ir verbs. These are called **"stem-changing"** or **"irregular"** verbs.

The most common stem changes swap "o" for "ue"; "e" for "ie"; and "e" to "i." These swaps happen with all subject pronouns except for "we" (nosotros).

Ending for the "plural you all" **(vosotros)** used in Spain also follows the usual stems of **-áis** for -ar verbs and **-ís** for -er and -ir verbs. If it is a reflexive verb, include the **vos** pronoun.

LESSON 7.1: Common "o" to "ue" Stem-Changing Verbs (Los Verbos Comunes con Cambio de Raíz: "o" to "ue")

Below is a table of the most common verbs that change an "o" stem to a "ue" stem.

NOTE: Some verbs are considered *reflexive*, meaning an action performed on or by oneself. **A pronoun must be used** with the reflexive verb.

Verbo Español (Infinitivo)	English Verb (Infinitive)	Subject (Pronoun)	En Español
acostarse (reflexive)	to go to bed	I	**Me** acuesto
		you (informal)	**Te** acuestas
		you (formal) he/it/she	**Se** acuesta
		we	**Nos** acostamos
		they (all genders) they (females only)	**Se** acuestan
almorzar	to eat lunch	I	(Yo) alm**uerzo**
		you (informal)	(Tú) alm**uezas**
		you (formal) he/it/she	(Usted) alm**uerza** (Él/Ella) alm**uerza**
		we	(Nosotros) alm**orzamos**
		they (all genders) they (females only)	(Ellos) alm**uerzan** (Ellas) alm**uerzan**
contar	to count	I	(Yo) c**uento**
		you (informal)	(Tú) c**uentas**
		you (formal) he/it/she	(Usted/) c**uenta** (Él/Ella) c**uenta**
		we	(Nosotros) c**ontamos**
		they (all genders) they (females only)	(Ellos) c**uentan** (Ellas) c**uentan**

Verbo Español (Infinitivo)	English Verb (Infinitive)	Subject (Pronoun)	En Español
dormir	to sleep	I	(Yo) d**uer**m**o**
		you (informal)	(Tú) d**uer**m**es**
		you (formal) he/it/she	(Usted) d**uer**me (Él/Ella) d**uer**me
		we	(Nosotros) dorm**imos**
		they (all genders) they (females only)	(Ellos) d**uer**m**en** (Ellas) d**uer**m**en**
encontrar	to find	I	(Yo) enc**ue**ntr**o**
		you (informal)	(Tú) enc**ue**ntr**as**
		you (formal) he/it/she	(Usted) enc**ue**nta (Él/Ella) enc**ue**nta
		we	(Nosotros) encontr**amos**
		they (all genders) they (females only)	(Ellos) enc**ue**ntr**an** (Ellas) enc**ue**ntr**an**
mostrar	to show	I	(Yo) m**ue**str**o**
		you (informal)	(Tú) m**ue**str**as**
		you (formal) he/it/she	(Usted) m**ue**stra (Él/Ella) m**ue**stra
		we	(Nosotros) m**ostr**am**os**
		they (all genders) they (females only)	(Ellos) m**ue**str**an** (Ellas) m**ue**str**an**

Verbo Español (Infinitivo)	English Verb (Infinitive)	Subject (Pronoun)	En Español
morir	to die	I	(Yo) m**uero**
		you (informal)	(Tú) m**ueres**
		you (formal) he/it/she	(Usted) m**uere** (Él/Ella) m**uere**
		we	(Nosotros) mo**rimos**
		they (all genders) they (females only)	(Ellos) m**ueren** (Ellas) m**ueren**
poder	to be able to; can	I	(Yo) p**uedo**
		you (informal)	(Tú) p**uedes**
		you (formal) he/it/she	(Usted) p**uede** (Él/Ella) p**uede**
		we	(Nosotros) po**demos**
		they (all genders) they (females only)	(Ellos) p**ueden** (Ellas) p**ueden**
recordar	to remember	I	(Yo) rec**uerdo**
		you (informal)	(Tú) rec**uerdas**
		you (formal) he/it/she	(Usted) rec**uerda** (Él/Ella) rec**uerda**
		we	(Nosotros) reco**rdamos**
		they (all genders) they (females only)	(Ellos) rec**uerden** (Ellas) rec**uerden**
soñar	to dream	I	(Yo) su**eño**

Verbo Español (Infinitivo)	English Verb (Infinitive)	Subject (Pronoun)	En Español
		you (informal)	(Tú) **sueñas**
		you (formal) he/it/she	(Usted) **sueña** (Él/Ella) **sueña**
		we	(Nosotros) **soñamos**
		they (all genders) they (females only)	(Ellos) **sueñan** (Ellas) **sueñan**
volar	to fly	I	(Yo) **vuelo**
		you (informal)	(Tú) **vuelas**
		you (formal) he/it/she	(Usted) **vuela** (Él/Ella) **vuela**
		we	(Nosotros) **volamos**
		they (all genders) they (females only)	(Ellos) **vuelan** (Ellas) **vuelan**
volver	to return	I	(Yo) **vuelvo**
		you (informal)	(Tú) **vuelves**
		you (formal) he/it/she	(Usted) **vuelve** (Él/Ella) **vuelve**
		we	(Nosotros) **volvemos**
		they (all genders) they (females only)	(Ellos) **vuelen** (Ellas) **vuelen**

LESSON 7.2: Common "e" to "ie" Stem-Changing Verbs (Los Verbos Comunes con Cambio de Raíz: "e" to "ie")

Below is a table of the most common verbs that change an "e" stem to an "ie" stem.

Verbo Español (Infinitivo)	English Verb (Infinitive)	Subject (Pronoun)	En Español
cerrar	to close	I	(Yo) cierro
		you (informal)	(Tú) cierras
		you (formal) he/it/she	(Usted) cierra (Él/Ella) cierra
		we	(Nosotros) cerramos
		they (all genders) they (females only)	(Ellos) cierran (Ellas) cierran
comenzar	to begin	I	(Yo) comienzo
		you (informal)	(Tú) comienzas
		you (formal) he/it/she	(Usted) comienza (Él/Ella) comienza
		we	(Nosotros) comenzamos
		they (all genders) they (females only)	(Ellos) comienzan (Ellas) comienzan
despertarse (reflexive)	to wake up	I	Me despierto
		you (informal)	Te despiertas
		you (formal) he/it/she	Se despierta

Verbo Español (Infinitivo)	English Verb (Infinitive)	Subject (Pronoun)	En Español
		we	**Nos** despert**amos**
		they (all genders) they (females only)	**Se** despier**tan**
empezar	to begin	I	(Yo) emp**iezo**
		you (informal)	(Tú) emp**iezas**
		you (formal) he/it/she	(Usted) emp**ieza** (Él/Ella) emp**ieza**
		we	(Nosotros) emp**ezamos**
		they (all genders) they (females only)	(Ellos) emp**iezan** (Ellas) emp**iezan**
entender	to understand	I	(Yo) ent**iendo**
		you (informal)	(Tú) ent**iendes**
		you (formal) he/it/she	(Usted) ent**iende** (Él/Ella) ent**iende**
		we	(Nosotros) entend**emos**
		they (all genders) they (females only)	(Ellos) ent**ienden** (Ellas) ent**ienden**
mentir	to lie	I	(Yo) m**iento**
		you (informal)	(Tú) m**ientes**
		you (formal) he/it/she	(Usted) m**iente** (Él/Ella) m**iente**

Verbo Español (Infinitivo)	English Verb (Infinitive)	Subject (Pronoun)	En Español
		we	(Nosotros) ment**imos**
		they (all genders) they (females only)	(Ellos) mi**ent**en (Ellas) mi**ent**en
preferir	to prefer	I	(Yo) pref**iero**
		you (informal)	(Tú) pref**ie**r**es**
		you (formal) he/it/she	(Usted) pref**ie**re (Él/Ella) pref**ie**re
		we	(Nosotros) pref**erimos**
		they (all genders) they (females only)	(Ellos) pref**ie**ren (Ellas) pref**ie**ren
querer	to want, love, or desire	I	(Yo) qu**ie**ro
		you (informal)	(Tú) qu**ie**r**es**
		you (formal) he/it/she	(Usted) qu**ie**re (Él/Ella) qu**ie**re
		we	(Nosotros) qu**eremos**
		they (all genders) they (females only)	(Ellos) qu**ie**ren (Ellas) qu**ie**ren
recomendar	to recommend	I	(Yo) recom**ie**ndo
		you (informal)	(Tú) recom**ie**nd**as**
		you (formal) he/it/she	(Usted) recom**ie**nda

Verbo Español (Infinitivo)	English Verb (Infinitive)	Subject (Pronoun)	En Español
			(Él/Ella) recom**ie**nda
		we	(Nosotros) recomend**amos**
		they (all genders) they (females only)	(Ellos) recom**ie**nd**an** (Ellas) recom**ie**nd**an**
sentirse (reflexive)	to feel	I	**Me** s**ie**nto
		you (informal)	**Te** s**ie**ntes
		you (formal) he/it/she	**Se** s**ie**nte
		we	**Nos** sent**imos**
		they (all genders) they (females only)	**Se** s**ie**nt**en**
sugerir	to suggest	I	(Yo) sug**ie**ro
		you (informal)	(Tú) sug**ie**res
		you (formal) he/it/she	(Usted) sug**ie**re (Él/Ella) sug**ie**re
		we	(Nosotros) suger**imos**
		they (all genders) they (females only)	(Ellos) sug**ie**ren (Ellas) sug**ie**ren
tener (irregular)	to have	I	(Yo) ten**go**

Verbo Español (Infinitivo)	English Verb (Infinitive)	Subject (Pronoun)	En Español
		you (informal)	(Tú) tien**es**
		you (formal) he/it/she	(Usted) tiene (Él/Ella) tiene
		we	(Nosotros) ten**emos**
		they (all genders) they (females only)	(Ellos) tien**en** (Ellas) tien**en**

LESSON 7.3: Common "e" to "i" Stem-Changing Verbs (Los Verbos Comunes con Cambio de Raíz: "e" to "i")

Below is a table of the most common verbs that change an "e" stem to an "i" stem.

Verbo Español (Infinitivo)	English Verb (Infinitive)	Subject (Pronoun)	En Español
competir	to compete	I	(Yo) comp**i**to
		you (informal)	(Tú) comp**i**t**es**
		you (formal) he/it/she	(Usted) comp**i**te (Él/Ella) comp**i**te
		we	(Nosotros) comp**e**t**imos**
		they (all genders) they (females only)	(Ellos) comp**i**t**en** (Ellas) comp**i**t**en**
corregir (irregular)	to correct	I	(Yo) corr**i**jo

Verbo Español (Infinitivo)	English Verb (Infinitive)	Subject (Pronoun)	En Español
		you (informal)	(Tú) corrig**es**
		you (formal) he/it/she	(Usted) corrig**e** (Él/Ella) corrig**e**
		we	(Nosotros) corr**egimos**
		they (all genders) they (females only)	(Ellos) corrig**en** (Ellas) corrig**en**
decir (irregular)	to say, to tell	I	(Yo) d**igo**
		you (informal)	(Tú) dic**es**
		you (formal) he/it/she	(Usted) dic**e** (Él/Ella) dic**e**
		we	(Nosotros) d**ecimos**
		they (all genders) they (females only)	(Ellos) dic**en** (Ellas) dic**en**
despedir (reflexive)	to say good bye	I	**Me** despid**o**
		you (informal)	**Te** despid**es**
		you (formal) he/it/she	**Se** despid**e**
		we	**Nos** desped**imos**
		they (all genders) they (females only)	**Se** despid**en**
pedir	to ask for	I	(Yo) pid**o**
		you (informal)	(Tú) pid**es**

Verbo Español (Infinitivo)	English Verb (Infinitive)	Subject (Pronoun)	En Español
		you (formal) he/it/she	(Usted) pide (Él/Ella) pide
		we	(Nosotros) pedimos
		they (all genders) they (females only)	(Ellos) piden (Ellas) piden
perseguir	to pursue	I	(Yo) persigo
		you (informal)	(Tú) persigues
		you (formal) he/it/she	(Usted) persigue (Él/Ella) persigue
		we	(Nosotros) perseguimos
		they (all genders) they (females only)	(Ellos) persiguen (Ellas) persiguen
reír (reflexive)	to laugh	I	Me río
		you (informal)	Te ríes
		you (formal) he/it/she	Se ríe
		we	Nos reímos
		they (all genders) they (females only)	Se ríen
repitir	to repeat	I	(Yo) repito
		you (informal)	(Tú) repites
		you (formal) he/it/she	(Usted) repite (Él/Ella) repite

Verbo Español (Infinitivo)	English Verb (Infinitive)	Subject (Pronoun)	En Español
		we	(Nosotros) repe**timos**
		they (all genders) they (females only)	(Ellos) repi**ten** (Ellas) repi**ten**
seguir	to follow	I	(Yo) sig**o**
		you (informal)	(Tú) sig**ues**
		you (formal) he/it/she	(Usted) sig**ue** (Él/Ella) sig**ue**
		we	(Nosotros) segu**imos**
		they (all genders) they (females only)	(Ellos) sigu**en** (Ellas) sigu**en**
servir	to serve	I	(Yo) sirv**o**
		you (informal)	(Tú) sirv**es**
		you (formal) he/it/she	(Usted) sirv**e** (Él/Ella) sirv**e**
		we	(Nosotros) serv**imos**
		they (all genders) they (females only)	(Ellos) sirv**en** (Ellas) sirv**en**

Activity 7.1: Personal Questions with Stem-Changing Verbs: "e" to "ie" (Preguntas Personales con Los Verbos Radicales: "e" to "ie")

Directions: Answer the question with the correct form of the stem-changing verb.

(**Instrucciones:** Responda a la pregunta con la forma correcta del verbo con cambio de raíz.)

1. ¿A qué hora cierra el supermercado hoy?
   (What time does the supermarket close today?)

   ____

2. No entiendo lo que dices, ¿Puedes repetirlo?
   (I don't understand what you are saying. Can you repeat that?)

   ____

3. ¿Tu madre, te quiere mucho?
   (Does your mother love you very much?)

   ____

4. ¿Qué plato nos recomienda usted?
   (What dish would you recommend?)

   ____

5. Mi gato se despierta a las seis de la mañana. ¿A qué hora te despiertas en la mañana?
   (My cat wakes up at six in the morning. What time do you wake up in the morning?)

   ____

6. Mi esposo se acuesta a las once de la noche. ¿A qué hora te acuestas en la noche?
   (My husband goes to bed at eleven o'clock at night. What time do you go to bed?)

   ____

Activity 7.2: Personal Questions with Stem-Changing Verbs: "e" to "i" (Preguntas Personales con Los Verbos Radicales: "e" to "i")

Directions: Answer the question with the correct form of the stem-changing verb.

(**Instrucciones:** Responda a la pregunta con la forma correcta del verbo con cambio de raíz.)

1. ¿Primo, te despides de tu abuela en el aeropuerto?
   (Cousin, do you take your grandmother to the airport?)

   ____

2. ¿De postre, siempre te sirve la camarera trozos de plátano mojados en chocolate?
   (For dessert, does the waitress serve you pieces of banana dipped in choclate?)

   ____

3. ¿Compites con tu hermano or hermama en todo, o compites con tu esposo/esposa?
   (Do you compete with your brother or sister in everything, or do you compete with your husband or wife?)

   ____

4. ¿Quién es más ambicioso (ambiciosa) tu o tu hermano?
   (Who is more ambitious, you or your sibling?)

   ____

5. ¿Quién sonríe más, tu amigo o tú?
   (Who smiles more, your friend or you?)

   ____

6. ¿Si seguimos remando, llegaremos al puerto?
   (If we keep rowing, will we reach the port?)

   ____

Activity 7.3: Personal Questions with Stem-Changing Verbs: "o" to "ue" (Preguntas Personales con Los Verbos Radicales: "o" to "ue")

Directions: Answer the question with the correct form of the stem-changing verb.

(**Instrucciones:** Responda a la pregunta con la forma correcta del verbo con cambio de raíz.)

1. ¿Puedes hablar tres idiomas o solo hablas un idioma? ¿Y tu amigo (amiga) puede hablar dos o tres idiomas?
   (Can you speak three languages or do you only speak one language? And can your friend speak two are three languages?)

____

2. ¿Duermes muy bien cuándo te acuestas en la noche? ¿Y sus hijos duermen bien en la noche?
   (Do you sleep well when you go to bed at night? And do your children sleep well at night?)

____

3. ¿Cuentas todo el dinero que ganas de tu sueldo?
   (Do you count all the money you earn from your salary?)

____

4. ¿Sueñas en conocer al presidente del Estados Unidos?
   (Do you dream of meeting the president of the United States?)

____

5. ¿Vuelven tú y tus hijos a Europa o África cada verano?
   (Do you and your children return to Europe or Africa every summer?)

____

6. ¿Almuerzas solo o almuerzas con tus amigos?
   (Do you eat lunch alone or do you eat lunch with your friends?)

____

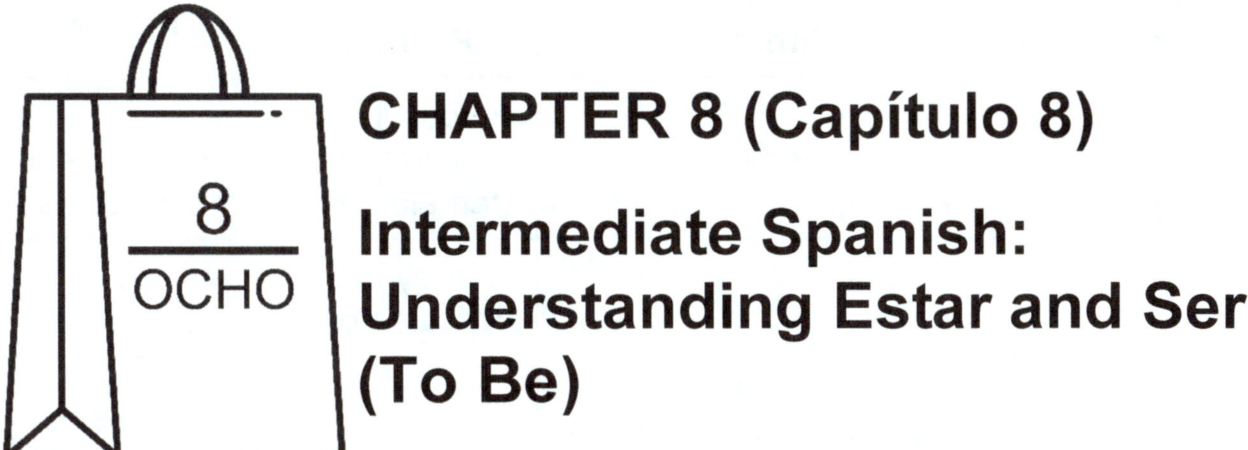

CHAPTER 8 (Capítulo 8)

Intermediate Spanish: Understanding Estar and Ser (To Be)

The Spanish language has two different words for the verb "to be."

Estar is used to describe temporary states such as mood or emotion, conditions, or location. **Ser** expressess permanent conditions such as physical descriptions, origin, characteristics, personality, or time. Both estar and ser are considered irregular verbs.

LESSON 8.1: Conjugating Estar and Ser (Conjugando Estar y Ser)

Verbo Español (Infinitivo)	English Verb (Infinitive)	Subject (Pronoun)	En Español
estar	to be (temporary conditions)	I am	Yo est**oy**
		you are (informal)	Tú est**ás**
		you are (formal) he/it/she is	Usted est**á** Él/Ella est**á**
		we are	Nosotros est**amos**

Verbo Español (Infinitivo)	English Verb (Infinitive)	Subject (Pronoun)	En Español
		you all are (plural, inf.) (females only)	Vosotros est**áis** Vosotras est**áis**
		they are (females only)	Ellos est**án** Ellas est**án**
ser	to be (permanent conditions)	I am	Yo **soy**
		you are (informal)	Tú **eres**
		you are (formal) he/it/she is	Usted **es** Él/Ella **es**
		we are	Nosotros so**mos**
		you all are (plural, inf.) (females only)	Vosotros **sois** Vosotras so**is**
		they are (females only)	Ellos s**on** Ellas s**on**

Activity 8.1: Personal Questions with Estar and Ser (Preguntas personales con Estar y Ser)

Directions: Translate the following English sentences to Spanish using the correct form of "estar" or "ser."

(Instrucciones: Traduce las siguientes oraciones en inglés al español utilizando la forma correcta de "estar" o "ser.")

1. I am happy.

____

2. You girls are athletic.

____

3. We are angry.

____

4. He is shy.

____

5. She feels bad.

____

6. They are tall.

____

7. They are generous.

____

8. I am short.

____

CHAPTER 9 (Capítulo 9)

Advanced Spanish: Essential Conversations (Conversaciónes Básica)

LESSON 9.1: Informal Conversations: Greetings & Farewells (Conversaciónes Informales: Saludos y Despedidas)

Antonio: Hola.¿Cómo te llamas?

Berta: Yo me llamo, Berta, ¿y tú?

Antonio: Yo me llamo Antonio.

Berta: Mucho gusto.

Antonio: Es un placer.

Berta: Bueno. Hasta luego. Tengo clase de historia.

Antonio: Nos vemos. Tengo clase de español.

LESSON 9.2: Formal Conversations: Greetings (Conversaciónes Formales: Saludos y Despedidas)

Pablo: Buenas tardes, profesor. Tanto tiempo sin verle. ¿Cómo está usted?

Profesor Martínez: Estoy muy bien. ¿Y tú?

Pablo: Estoy nervioso hoy.

Profesor Martínez: ¿Por qué Pablo?

Pablo: Tengo un examen en la clase de inglés.

Profesor Martínez: Buena suerte. Ya sé que vas a pasar tu examen.

Pablo: Gracias. Gracias. Hasta pronto. Tengo que irme. Mi examen empieza pronto.

Profesor Martínez: Hasta luego tengo que enseñar mi clase de español.

LESSON 9.3: Conversations with -ar Verbs (Conversaciónes con Los Verbos en -ar)

Noah: Hola Perla. ¿Cómo estás?

Perla: ¿Estoy bien, y tú?

Noah: ¡Fabulosa! Oye, Perla, ¿Caminas en la tarde o la mañana?

Perla: Camino en la mañana. ¿Y tú?

Noah: Me gusta caminar en la tarde. Normalmente practico tocar la guitarra también.

Perla: Necesito ir de compras. Adiós, Nola.

Noah: Hasta luego Perla. También, necesito hacer algunos quehaceres.

LESSON 9.4: Conversations with -er Verbs (Conversaciónes con Los Verbos en -er)

Antonia: Hola, Manuel. ¿Qué hay de nuevo?

Manuel: Estoy mal.

Antonia: ¿Por qué?

Manuel: Tengo hambre. Quiero comer.

Antonia: Vamos a comer. Yo tengo sed y tengo hambre.

Manuel: Está bien. Vamos a Comedor Guadalajara.

Antonia: ¡Qué buena idea!

(30 minutos después en el restaurante, Comedor Guadalajara)

Camarero: ¿En qué le puedo ayudar?

Antonia: Me gustaría ordenar, dos tacos de pollo, frijoles y arroz.

Camarero: En seguida. ¿Y para beber?

Antonia: Me trae una limonada, por favor.

Camarero: Por supuesto. ¿Y para usted, señor?

Manuel: Quiero un plato de camarones.

Camarero: Excelente. ¿Y para tomar?

Manuel: Una cerveza, por favor.

(30 minutos después)

Camarero: ¿Qué tal todo?

Antonia: ¡Qué sabrosa comida!

Manuel: ¡Qué rica comida!

Antonia: Tráenos la cuenta por favor.

Camarero: En seguida, señor.

(10 minutos después)

Camarero: Aquí esta la cuenta, veinte dólares con cincuenta y cinco centavos.

Antonia: Perfecto. Aquí son los fondos y tu propina.

LESSON 9.5: Conversations with -ir Verbs (Conversaciónes con Los Verbos en -ir)

Susana: Hola José, ¿tú vives cerca de aquí?

José: Sí, yo vivo a dos cuadras. ¿Y tú?

Susana: Yo también. Todos los días subo por esa calle para ir al trabajo.

José: Ah, yo también. ¿A qué hora sales tú?

Susana: Normalmente salgo a las ocho. ¿y tú?

José: A las siete y media. Luego asisto a clases en la universidad.

Susana: ¡Qué bien! Yo también asisto a la universidad y siempre recibo buenas calificaciones.

José: ¡Mucho ánimo! Estudiar y trabajar requiere esfuerzo.

Susana: Hasta luego, José.

José: Nos vemos pronto.

LESSON 9.6: Conversations at the Supermarket (Conversaciónes en el Supermercado)

El empleado: Buenos Días, señorita, ¿En qué le puedo ayudar, señorita?

Rosa: Hola. Estoy buscando manzanas rojas. ¿Dónde están?

El empleado: Están en el rincón, al lado de los plátanos.

Rosa: Gracias. ¿Cuánto cuestan las manzanas?

El empleado: Noventa y nueve centavos por libra.

Rosa: ¡Que bueno! Gracias.

El empleado: No hay de que. Estoy a tus órdenes, señorita.

Rosa: Señor, ¿Dónde está la carne asada?

El empleado: La carne asada está en la carnecería en frente de la leche.

LESSON 9.7: Conversations at the Post Office (Conversaciónes en el Oficina de Correos)

Pamela: Hola, Nedra. Tanto tiempo sin verte. ¿Adónde vas ahora?

Nedra: Voy a enviar unas cartas a mis padres que viven en San Juan, Puerto Rico.

Pamela: Está bien. Yo te acompaño (I will go with you.) Yo necesito enviar una carta a mi novio, Hector. Mi novio vive en Buenos Aires, Argentina.

Nedra: Sí, vamos al correo. Podemos caminar. El correo está a dos cuadras de aquí.

Pamela: ¡Qué bueno que llegamos aquí finalmente!

Nedra: Pamela, ¿quieres comer tacos en el restaurante, La Olmeca?

Pamela: Sí. vamos ahora. Tengo hambre.

Nedra: Yo también tengo hambre y sed.

APPENDIX A:
COMMON PHRASES, EXPRESSIONS, QUESTIONS & COMMANDS

COMMON PHRASES
(Frases Comunes)

Phrase in English	Frase en Español
Excuse me	¡Perdona!
Excuse me (when going through a crowd or leaving a group of people)	Con permiso.
Excuse me (used to apologize)	¡Disculpe! ¡Discúlpeme!
Hello	¡Hola!
Please (generally used at the end of a sentence)	Por favor
Sorry (apology for a mistake)	¡Lo siento!
Thank you	¡Gracias!
Thank you very much	¡Muchas gracias!
You're welcome	¡De nada!

COMMON QUESTIONS
(Preguntas Comunes)

Question in English	Pregunta en Español
How —?	¿Cómo —?
What —?	¿Qué —?
When —?	¿Cuándo —?
Where —?	¿Dónde —?
Which —?	¿Cuál —?
Who —?	¿Quién —?
Why —?	¿Por qué —?

COMMON QUESTIONS: Travel
(Preguntas Comunes en Los Viajes)

Question in English	Pregunta en Español
Where is the currency exchange desk?	¿Dónde puedo cambiar dinero?
I would like to change U.S. dollars into local currency.	Me gustaría cambiar dólares estadounidenses a moneda local.
What time is it?	¿Qué hora es?
Where is the bathroom?	¿Dónde está el baño?
I don't feel well. Where is the closest emergency room?	No me siento bien. ¿Dónde está la sala de urgencias más cercana?
Yes, I have my passport.	Sí, tengo mi pasaporte.
Can you please help me?	¿Me puede ayudar, por favor?
Do you speak English?	¿Habla inglés?
Where would you like to go?	¿Adónde te gustaría ir?
What's playing at the movie theater?	¿Qué películas hay en el cine?
I'm lost.	Estoy perdido/a.
Where can I get the tickets?	¿Dónde puedo conseguir las entradas?
How much are the tickets?	¿Cuánto cuestan las entradas?

COMMON QUESTIONS: The Store
(Preguntas Comunes en La Tienda)

Question in English	Pregunta en Español
Where is —?	¿Dónde está —?
Where is the store?	¿Dónde está la tienda?
Where are —? (used with plural nouns)	¿Dónde están —?
I am looking for —.	Busco —.
I want to buy the milk (or another item). Where is it?	Quiero comprar la leche. ¿Dónde está?
It's located in the bakery.	Está ubicada en la panadería.
It's located near the flowers.	Está localizada cerca de las flores.
I am going to buy __.	Voy a comprar __.
I want to buy —.	Quiero comprar —.
I need to buy __.	Necesito comprar —.

COMMON PREPOSITIONS
(Preposiciones Comunes)

English Preposition	Preposicion en Español
in front of	en frente de
in back of	detrás de
next to	al lado
under	debajo de
near	cerca de
far from	lejos de
in, at, on	en
on top of	en cima de

COMMON COMMANDS: The Classroom
(Comandos Comunes: Mandatos del Salón de Enseñanza)

English Command	Comandos en Españoles
Answer	Contesta
Answer me	Contéstame
Close the door	Cierra la puerta
Do	Haz
Do it	Hazlo
Enter (informal)	Pasa (informale)
Enter (formal)	Entra (formale)
Lower your hand	Baja la mano
Open the door	Abre la puerta
Raise your hand	Levanta la mano
Repeat	Repite
Sit down here	Siéntate aquí
Speak	Habla
Speak to me	Háblame
Stand up (most countries)	Levántate (la mayoría de los países)
Stand up (Latin America)	Párate (América Latina)
Take out the sheet of paper	Saca la hoja de papel

English Command	Comandos en Españoles
Take out your homework	Saca la tarea
Write	Escribe
Write it	Escríbelo

APPENDIX B:
ESSENTIAL VOCABULARY

VOCABULARY: Objects in the Classroom
(El Vocabulario:Objetos del Salón)

English	Español
blackboard	la pizarra
chair	la silla
chalkboard eraser	el borrador
clock	el reloj
desk (for student)	el pupitre
desk (for teacher)	el escritorio
door	la puerta
flag	la bandera
homework	la tarea
map	el mapa
paper	el papel
pen	la pluma
pencil	el lápiz
principal	la directora/el director
student (female/male/all genders)	la alumna/el alumno estudiante

English	Español
table	la mesa
teacher (female)	la profesora/maestra
teacher (male)	el profesor/maestro
wall	la pared
window	la ventana

VOCABULARY: Objects in a Store (El Vocabulario:Objetos en La Tienda)

English	Español
I like that one. I like those.	Me gusta ese. (singular) Me gustan esos. (plural)
that coat	este abrigo
that purse	este bolso
that sweater	este suéter
that wallet	esta billetera
the store	la tienda
these pants	estos pantalones
these shoes	estos zapatos
this shirt	esta camisa

VOCABULARY: Items at the Supermarket
(El Vocabulario:Objetos en El Supermercado)

English	Español
apples	las manzanas
bananas	los plátanos
beans	los frijoles
black grapes	las uvas negras
bread	el pan
butter	la mantequilla
cabbage	el repollo
carrots	las zanahorias
cereal	el cereal
cheese	el queso
cherries	las cerezas
chicken	el pollo
cilantro	el cilantro/el coriander
corn	el maíz (la mayoría de los países) el elote (México/Centroamérica)
eggs	los huevos
fish	el pescado
fruit	la fruta
garlic	el ajo
green grapes	las uvas verdes

English	Español
ham	el jamón
lettuce	la lechuga
meat	al carne
melons	los melones
milk	la leche
onions	las cebollas
parsley	el perejil
peaches	los duraznos
pears	las peras
plums	las ciruelas
potatoes	las papas-
red grapes	las uvas rojas
roast beef	la carne asada
seafood	los maricos
shrimp	los camarones
squash	la calabaza
tomates	tomatoes
vegetables	las verduras
watermelon	sandía

APPENDIX C:

THE MOST COMMON SPANISH WORDS

Las Palabras/Frase En Españoles	Word/Phrase In English
a	to
ahora	now
allí	there
amar	to love
amigo	friend
antes	before
aquí	here
bien	well (adverb)
bueno	good
de	of, from
de nada	you're welcome
el, la, los, las	the
estar	to be (temporary)
gracias	thanks
gustar	to like
haber	to have (auxilliary verb)
hacer	to do, to make

Las Palabras/Frase En Españoles	Word/Phrase In English
hola	hello
ir	to go
más	more
no	no
para	for, to
poder	to be able
por	for, by
por favor	please
porque	because
que	that
qué	what?
querer	to want, to love
quién	who
ser	to be (permanent)
sí	yes
su	your, her, his, their
tener	to have, to possess
un, uno, una	a, one
venir	to come
y	and

APPENDIX D:

CONJUGATION CHART: -AR, -ER, -IR VERBS

Subject Pronouns	-ar Verbs	-er Verbs	-ir Verbs
Yo = I	-o	-o	-o
Tú = You (informal)	-as	-es	-es
Él = He	-a	-e	-e
Ella = She	-a	-e	-e
Usted = You (Formal)	a	-a	-e
Nosotros = We	-amos	-emos	-imos
Nosotra s= We (female)	-amos	-emos	-imos
Vosotros = You (plural of tú)	-áis	-éis	-ís
Vosotras = You (plural, female)	-áis	-éis	-ís
Ustedes = You (plural)	-an	-en	-en
Ellos = They (all genders))	-an	-en	-en
Ellas = They (female only)	-an	-en	-en

PERSONAL DICTIONARY OF NEW SPANISH WORDS LEARNED

1. ____

2. ____

3. ____

4. ____

5. ____

6. ____

7. ____

8. ____

9. ____

10. ____

11. ____

12. ____

13. ____

14. ____

15. ____

16. ____

17. ____

18. ____

19. ____

20. ____

21. ____

22. ____

23. ____

24. ____

25. ____

26. ____

27. ____

28. ____

29. ____

30. ____

31. ____

32. ____

33. ____

34. ____

35. ____

36. ____

37. ____

38. ____

39. ____

40. ____

41. ____

42. ____

43. ____

44. ____

45. ____

46. ____

47. ____

48. ____

49. ____

50. ____

51. ____

52. ____

53. ____

54. ____

55. ____

56. ____

57. ____

58. ____

59. ____

60. ____

61. ____

62. ____

63. ____

64. ____

65. ____

66. ____

67. ____

68. ____

69. ____

70. ____

71. ____

72. ____

73. ____

74. ____

75. ____

76. ____

77. ____

78. ____

79. ____

80. _______________________________________

81. _______________________________________

82. _______________________________________

83. _______________________________________

84. _______________________________________

85. _______________________________________

86. _______________________________________

87. _______________________________________

88. _______________________________________

89. _______________________________________

90. _______________________________________

91. _______________________________________

92. _______________________________________

93. _______________________________________

94. _______________________________________

95. _______________________________________

96. _______________________________________

97. _______________________________________

98. _______________________________________

99. _______________________________________

100. _______________________________________

THE COMMON EUROPEAN FRAMEWORK OF REFERENCES FOR LANGUAGES

The Common European Framework of References for Languages (CEFR) levels are broken into six levels of language proficiency: with three broad divisions and two sub-divisions:

A: Basic User

A1: Breakthrough or Beginner

A2: Waystage or Elementary

B: Independent User

B1: Threshold or Intermediate

B2: Vantage or Upper-Intermediate

C: Proficient User

C1: Effective Operational Proficiency or Advanced

C2: Mastery or Proficiency

BIBLIOGRAPHY

Bex, Martina. *The Comprehensible Classroom: A Guide for Teachers.* The
    Comprehensible Classroom, 2011.

---. *Comprehensible Input: A Key to Language Acquisition.* The
Comprehensible Classroom, 2013.

---. *Strategies for Creating a Comprehensible Classroom Environment.* The
    Comprehensible Classroom, 2015.

---. *Engaging Students through Comprehensible Input Techniques.* The
    Comprehensible Classroom, 2019.

Lichtman, Karen. *Teaching Proficiency Through Reading and Storytelling
    (TPRS): An Input-Based Approach to Second Language Instruction.*
    Xlibris Corporation, 2014.

Marzano, Robert J., et al. *Classroom Instruction That Works: Research-
    Based Strategies For Increasing Student Achievement.* Association for
    Supervision and Curriculum Development, 2001.

Krashen, Stephen D. *The Input Hypothesis: Issues and Implications.*
    Longman, 1985.

---. *Principles and Practice in Second Language Acquisition.* Pergamon
    Press, 1982. Krashen, Stephen D., and Tracy Terrell. *The Natural
    Spproach: Language Acquisition in the Classroom.* Pergamon, 1983.

Ray, Blaine, and Contee Seely. *Fluency Through TPR Storytelling:
    Achieving Real Language Acquisition in School.* 7th ed.. Command
    Performance Language Institute, 2015.

ABOUT THE AUTHOR

Kecia Beasley Lindsey has educated students at all academic levels, instructors, and business clients in bilingual skills for more than 25 years. She earned a bachelor's degree and a master's degree in Spanish from Arizona State University as well as a master's degree in Educational Administration from Grand Canyon University. Beasley Lindsey also holds endorsements in ESL and bilingual education.

After starting several language services companies, Beasley Lindsey launched her company, EnglishAndSpanish2You.com, in 2020, providing in-person and online education to clients, with a goal of developing oral speaking skills in English and Spanish.

Whether training healthcare professionals or teaching school children, she has placed a high priority on creating a non-threatening and low-anxiety learning atmosphere, where students can focus on conversations in English and Spanish.

"I created 'Spanish in the Bag' from my passion for teaching Spanish and English," Beasley Lindsey said. "I want learners of all ages and skill levels to embrace the joy and empowerment of knowing a new language."

www.ingramcontent.com/pod-product-compliance
Lightning Source LLC
Chambersburg PA
CBHW060202120726
48004CB00007B/1658